Impressum
Verlag: BABADADA GmbH, Nedderfeld 112 , 22529 Hamburg
Geschäftsführer / Verlagsleitung: Harald Hof
Druck: Books on Demand GmbH, In de Tarpen 42, 22848 Norderstedt

Imprint
Publisher: BABADADA GmbH, Nedderfeld 112 , 22529 Hamburg, Germany
Managing Director / Publishing direction: Harald Hof
Print: Books on Demand GmbH, In de Tarpen 42, 22848 Norderstedt, Germany

škola

škola

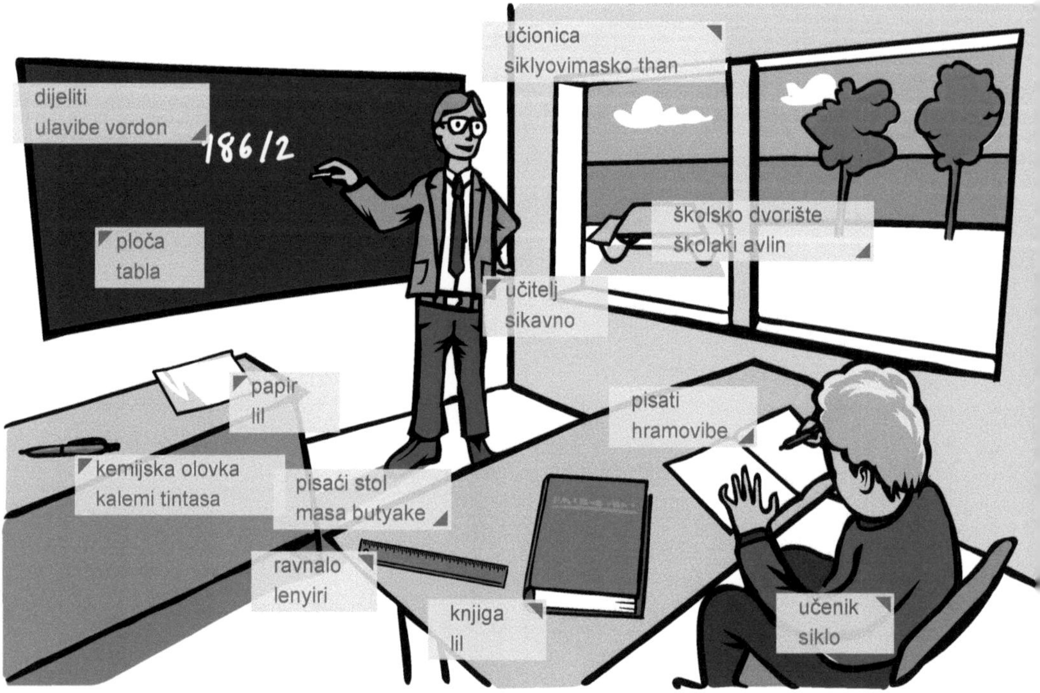

učionica
siklyovimasko than
dijeliti
ulavibe vordon
186/2
ploča
tabla
školsko dvorište
školaki avlin
učitelj
sikavno
papir
lil
pisati
hramovibe
kemijska olovka
kalemi tintasa
pisaći stol
masa butyake
ravnalo
lenyiri
knjiga
lil
učenik
siklo

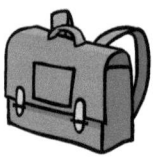

torba

dumeski tašna

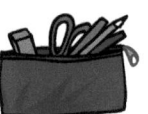

pernica

kalemengi kutia

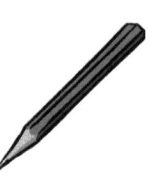

grafitna olovka

kalemi

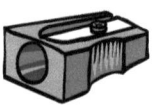

šiljilo za olovke

kalemengi čhurori

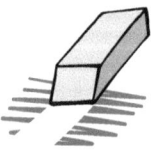

gumica za brisanje

kosimaski guma

blok za crtanje

čitrimasko bloko

crtež

čitribe

kist

boyimaskl frča

kutija s bojama

boyimaski kutia

makaze

kata

ljepilo

lepako

biljožnica

bukjardarimasko lil

domaći zadatak

khereski buti

broj

gendo

sabirati

džide

oduzimati

ikal

množiti

multiplicirin

računati

kalkulirin

slovo

hramome lil

abeceda

alfabeta

riječ

lafo

tekst
teksti

čitati
drabaribe

kreda
kreda

sat
lekciya

dnevnik
Klasesko registro

ispit
egzameni

svjedodžba
sertifikato

školska uniforma
školaki uniforma

obrazovanje
edukacia

leksikon
enciklopedia

sveučilište
univerziteto

mikroskop
mikroskopo

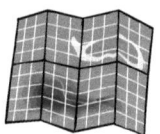

karta
mapa

košara za papir
korpa čhudimaske lila

putovanje
dromaripe

hotel
hoteli
Grand
prenoćište
Lačhi blevel!
ROOMS
mjenjačnica
biro baši devize
kofer
koferi
auto
vordon

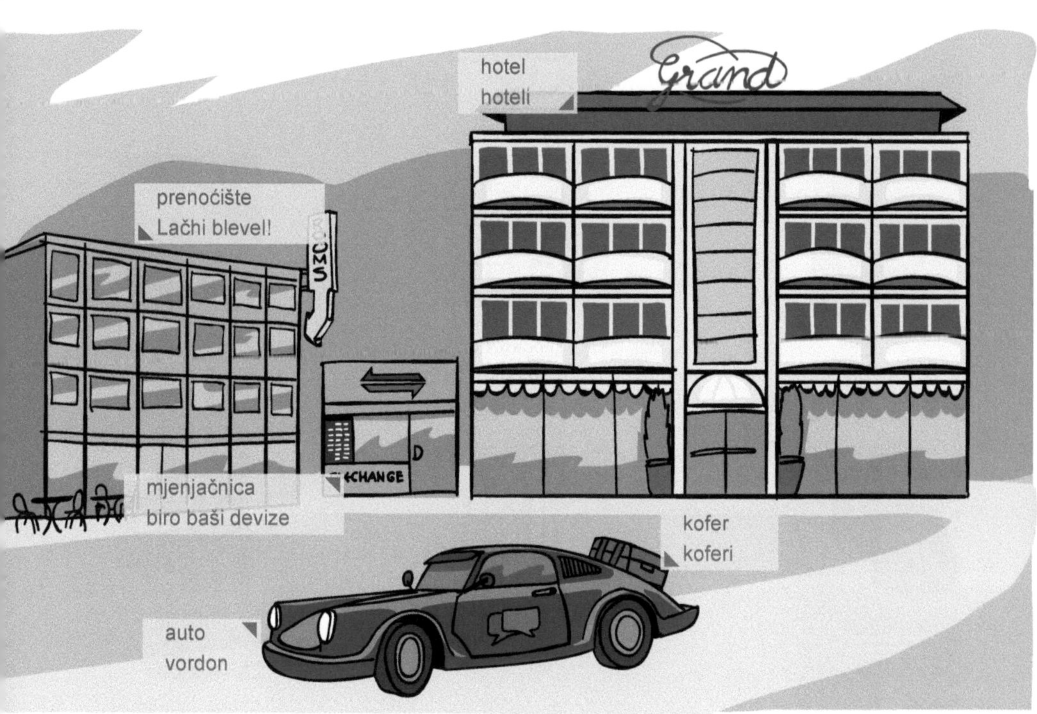

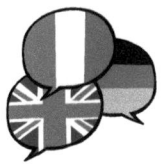

jezik

ćhib

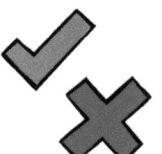

da / ne

va / na

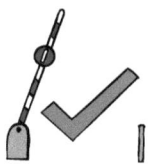

okay

Okay

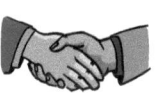

zdravo

Namaste

prevoditelj

tumači

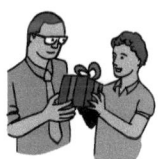

hvala

Ov sasto

Koliko košta...?

Kozom si...?

ne razumijem

Na havava

problem

problemo

dobro veče!

Lačhi rat!

Dobro jutro!

Lačhi javin!

Laku noć!

Lačhi rat!

doviđenja

ačhon Devlesa

smjer

dromeski sikavin

prtljaga

bagaži

torba

gono

ruksak

dumesko gono

gost

misafiri

soba

kamara

vreća za spavanje

sovimasko gono

šator

cerha

turističke informacije

turistIkanl informacia

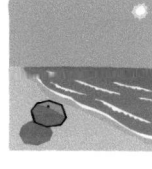

plaža

plaža

kreditna kartica

kreditno kartica

doručak

javinako habe

ručak

kušluko

večera

ratyako habe

karta za vožnju

karta

dizalo

elevatori

poštanska markica

marka

granica

simantra

carina

adetia

ambasada

ambasada

viza

viza

putovnica

pašaporti

transport
transporti

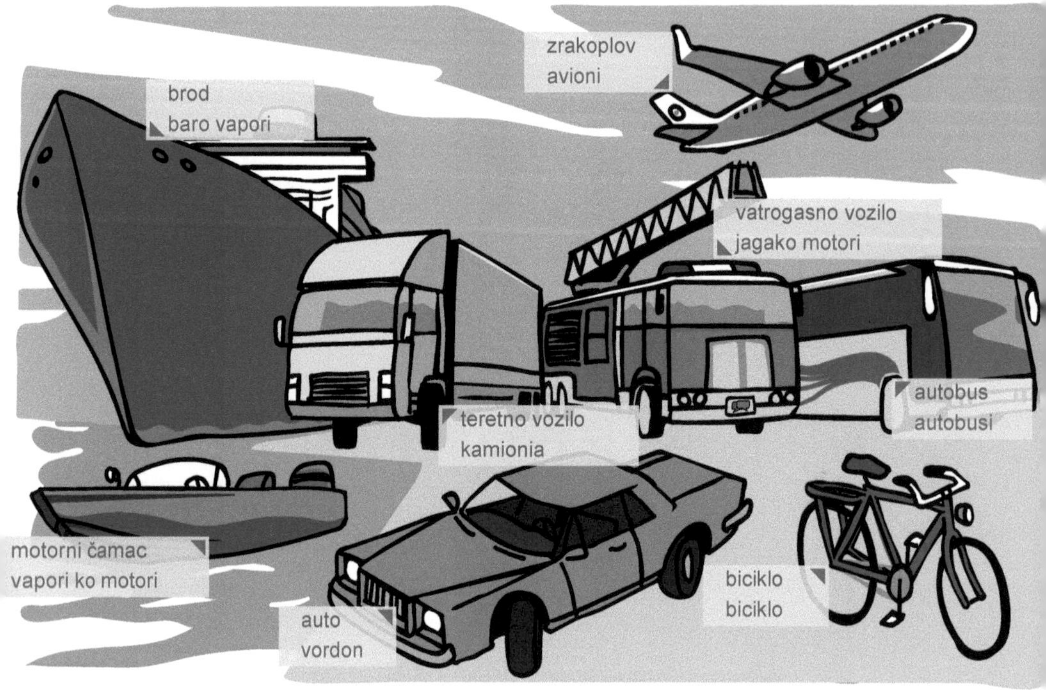

zrakoplov
avioni
brod
baro vapori
vatrogasno vozilo
jagako motori
autobus
autobusi
teretno vozilo
kamionia
motorni čamac
vapori ko motori
biciklo
biciklo
auto
vordon

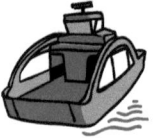

trajekt

feri vapori

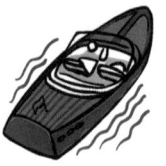

čamac

vapori

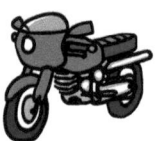

motocikl

motorciklo

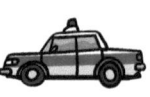

policijski auto

policiako vordon

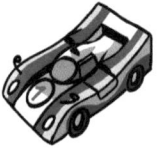

trkaći auto

prastamasko vordon

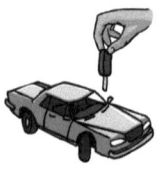

iznajmljeno auto

rentakar

dijeljenje automobila

ulavlbe vordon

vučno vozilo

rumosardo kamioni

vozilo za odvoz smeća

kamionengo than

motor

motori

benzin

petroli

benzinska postaja

petrolesko stasioni

prometni znak

trafikoskere išaretia

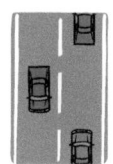

promet

trafiko

zastoj

baro trafiko

parkiralište

vordonesko parkirimasko than

kolodvor

pampurengo stasioni

šine

kamionia

vlak

pampuri

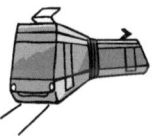

tramvaj

tramvaj

vagon

vagoni

helikopter

helikopteri

zrakoplovna luka

aeroporti

toranj

kula

putnik

dromarutno

kontejner

kontejneri

karton

kartoni

kolica

vordonoro

košara

sevli

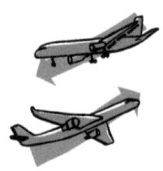

uzletjeti / sletjeti

urjalipasko starto /
urjalipasko agor

grad

diz

selo

gav

centar grada

dizyako centro

kuća

kher

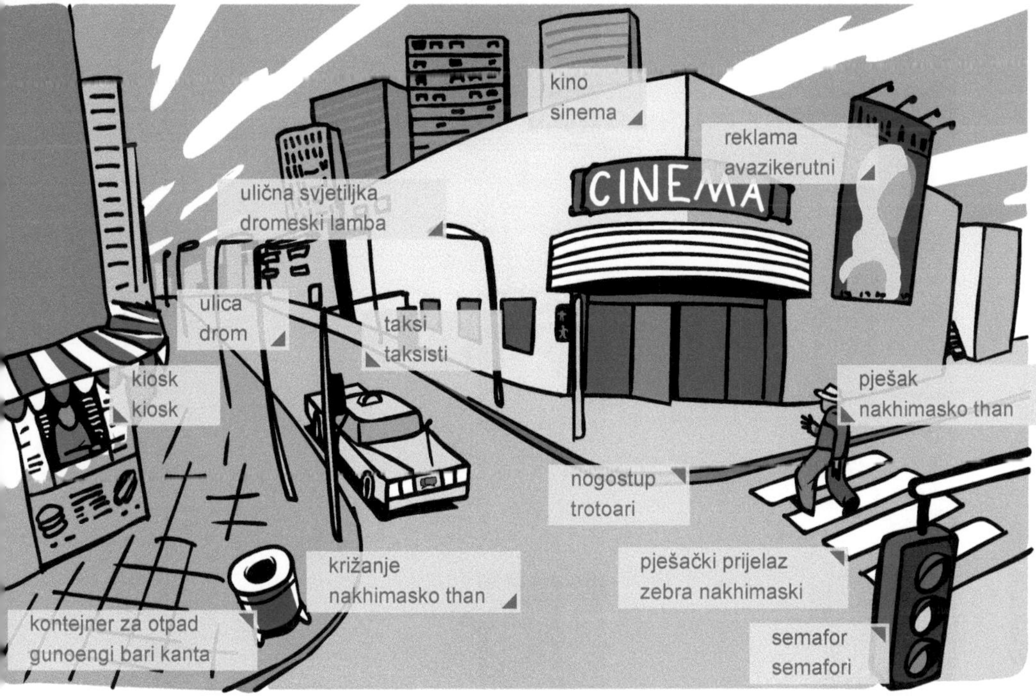
kino
sinema
reklama
avazikerutni
CINEMA
ulična svjetiljka
dromeski lamba
ulica
drom
taksi
taksisti
kiosk
kiosk
pješak
nakhimasko than
nogostup
trotoari
križanje
nakhimasko than
pješački prijelaz
zebra nakhimaski
kontejner za otpad
gunoengi bari kanta
semafor
semafori

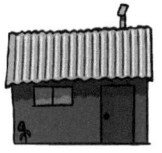

koliba

koliba

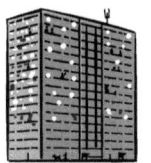

stan

apartmani

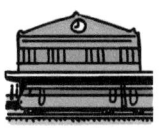

kolodvor

pampurengo stasioni

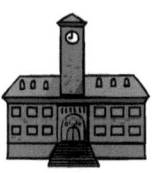

vijećnica

dizyaki sala

MUSEUM

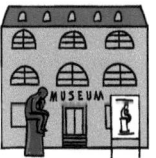

muzej

muzeji

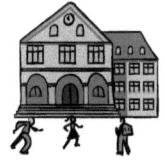

škola

škola

sveučilište

univerziteto

banka

banka

bolnica

hospitalo

hotel

hoteli

ljekarna

apoteka

ured

ofiso

knjižara

lil bikinimasko than

prodavaonica

dukyano

cvjećara

lulugengo bikinutno

supermarket

supermarket

trg

kurko

robna kuća

baro bikinimasko kher

ribarnica

mačhengo astarutno

trgovački centar

kinimasko centro

luka

vaporengo ačhovimasko
than

park	klupa	most
parko	klupa	purt

stepenice	podzemna željeznica	tunel
merdevenya	metro stasioni	tuneli

autobusna stanica	bar	restoran
autobuseski adžikerin	bar	restorani

poštansko sanduče	ulični znak	parkirni sat
poštako mohto	dromesko išareti	parking than

zoološki vrt	bazen	džamija
zoo	nangyovimasko bazeni	džamiya

seosko gazdinstvo

farma

zagađenje okoliša

melalipe

groblje

limorengo than

crkva

khangeri

igralište

khelimasko than

hram

hramo

krajolik

pejzaži

list
patrin

putokaz
išareti

put
drom

livada
livazin

kamen
bar

šetač
phiravno

drvo
kašt

rijeka
len

trava
čar

cvijet
luludi

dolina

harno than

planina

balrl

jezero

devrijal

šuma

veš

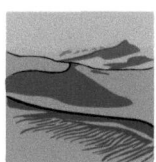

pustinja

mulano than

vulkan

vulkano

dvorac

saraji

duga

renkali badalin

gljiva

gaba

palma

palma kašt

moskito

sivrija

muha

mak

mrav

karandža

pčela

birumni

pauk

pauko

buba

buba

žaba

žamba

vjeverica

ververica

jež

kanzauri

zec

šošoj

sova

buf

ptica

pakšin

labud

lebedi

divlja svinja

bali

jelen

eleno

los

eleno

nasip

pani garavin

vjetrenjača

bavlalaki turbina

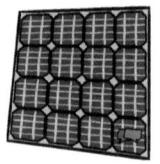

solarna ploča

solarno paneli

klima

klima

restoran
restorani

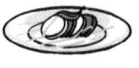

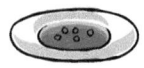

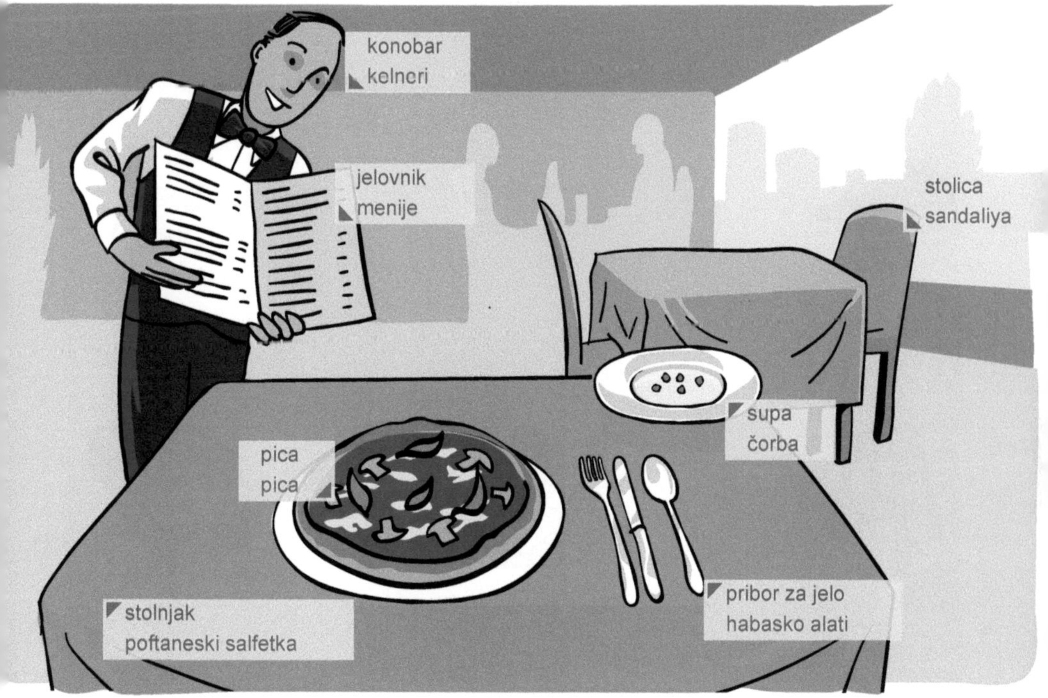
konobar
kelneri
jelovnik
menije
stolica
sandaliya
supa
čorba
pica
pica
stolnjak
poftaneski salfetka
pribor za jelo
habasko alati

predjelo

avgo habe

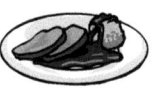

glavno jelo

šerutno habe

desert

gudlimata

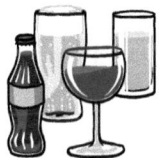

napitci

piiba

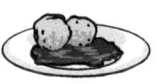

jelo

habe

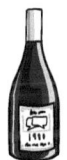

boca

šiša

fastfood
fast food

imbis hrana
sokakongo habe

čajnik
čajniko

doza za šećer
šekereskoro čaroro

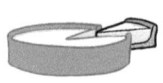

porcija
porcia

aparat za espresso
makina vaš espresso

visoka stolica
uči sandaliya

račun
esapi

pladanj
apladiya

nož
čhuri

vilica
vilyuška

žlica
roj

čajna žlica
čajeski roj

ubrus
salfetka

čaša
tahtai

tanjur

čaro

tanjur za supu

čaro čorbake

tanjurić

hor čaro

sos

sosi

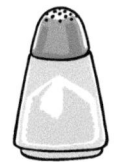

soljenka

londesko čaroro

mlin za biber

kale biberesko pišlo

ocat

šut

ulje

zejtini

začini

začinia

kečap

kečap

senf

senf

majoneza

majonezi

supermarket
supermarket

ponuda
specialno oferta
FOR
kupac
mušteriya
mliječni proizvodi
thudeske butya
voće
emiši
kolica za kupnju
vordonoro

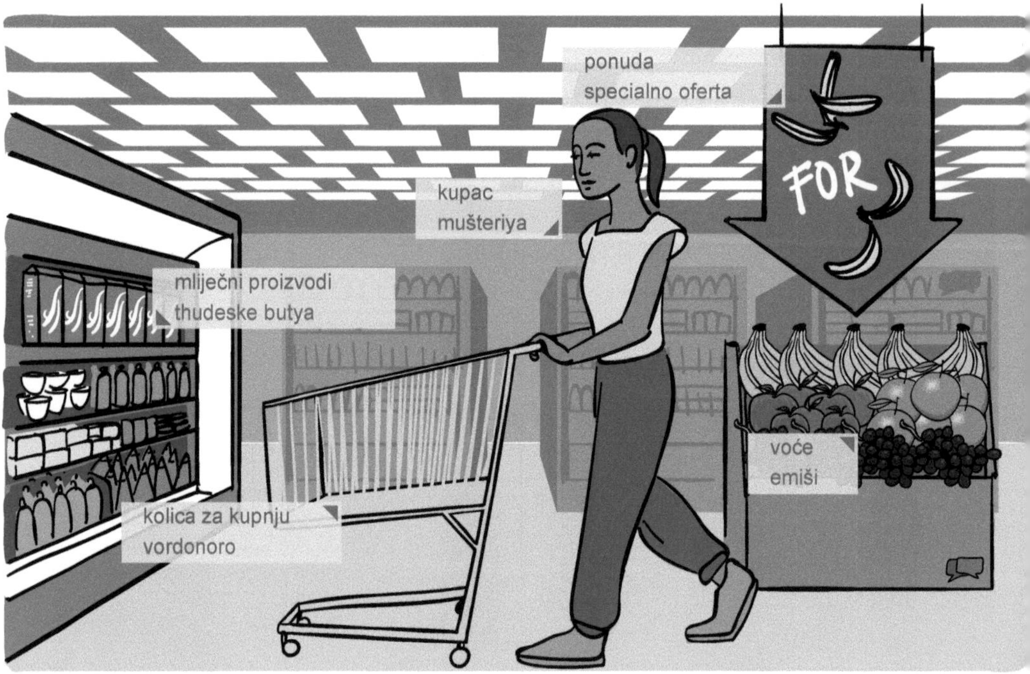

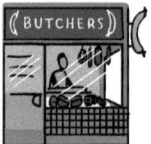

BUTCHERS

mesnica

kasapi

BAKERY

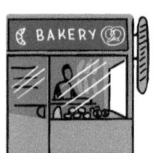

pekarnica

furuna

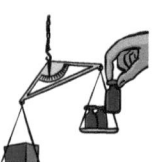

vagati

ladavipe

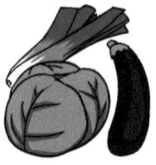

povrće

zarzavati

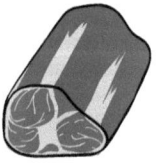

meso

masesko rolati

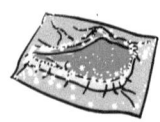

duboko smrznuta hrana

pahome habe

narezak
šudro mas

konzerve
konzerva

sredstvo za pranje
thovimasko prašako

slatkiši
gudlimata

artikli za domaćinstvo
khereske butya

sredstva za čišćenje
užarimaske butya

prodavačica
bikinutno

blagajna
kasapi

blagajnik
kasieri

lista za kupnju
kinimaski patrin

vrijeme rada
putarimaske satura

novčanik
lovengi tašna

kreditna kartica
kreditno kartica

torba
gono

plastična vrećica
plastikano gono

voda

pani

sok

džus

mlijeko

thud

cola

kola

vino

mol

pivo

bira

alkohol

alkohol

kakao

kakao

čaj

čaj

kava

kafa

espresso

espresso

cappuccino

cappuccino

banana

banana

jabuka

phabaj

naranča

portokali

lubenica

kavuni

limun

limoni

mrkva

karota

češnjak

sir

bambus

bambusi

luk

purum

gljiva

gaba

orašasti plodovi

akhora

rezanci

humereske butya

špagete

špageti

riža

rezo

salata

salata

pomfrit

čipsi

pečeni krumpir

peke kompiria

pica

pica

hamburger

hamburger

sendvič

sendviči

šnicla

kotleti

pršut

žamboni

salama

salama

kobasica

goja

kokoš

khajnako mas

pečenje

peko

riba

mačho

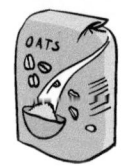

zobene pahuljice

popara

musli

musli

kukuruzne pahuljice

kornfleks

brašno

varo

roščić

kroasani

pccivo

masesko rolati

kruh

maro

toast

tosti

keksi

biskotia

maslac

puteri

svježi sir

urda

kolač

torta

jaje

jaro

jaje na oko

peke jare

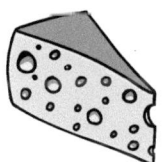

sir

kiral

jelo - habe

25

sladoled

šudro gudlo

šećer

šekeri

med

avgin

marmelada

džem

nugat krema

čokoladaki krema

curry

kari

seosko gazdinstvo

farma

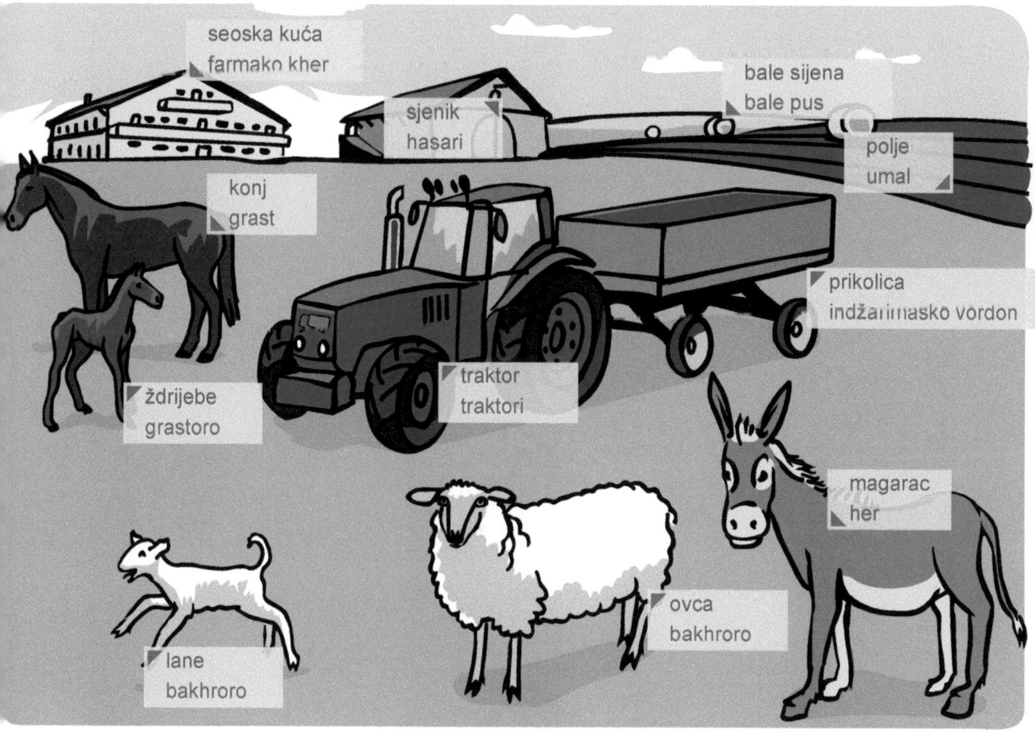
seoska kuća
farmako kher
sjenik
hasari
bale sijena
bale pus
polje
umal
konj
grast
prikolica
indžarimasko vordon
traktor
traktori
ždrijebe
grastoro
magarac
her
ovca
bakhroro
lane
bakhroro

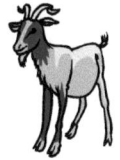

koza

buzno

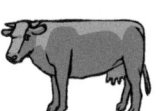

krava

guruvni

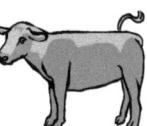

tele

guruvoro

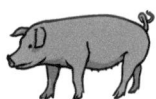

svinja

balo

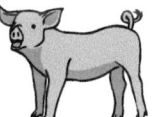

prase

baloro

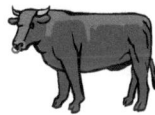

bik

guruv

guska

papin

patka

payka

pilići

pilička

kokoš

khayni

pijetao

bašno

pacov

baro germuso

mačka

bilika

miš

germuso

vol

guruv

pas

džukel

kućica za psa

džukelesko kher

vrtno crijevo

žardina

kanta za polijevanje

panyarimaski kanta

kosa

aindžako kidimasko alati

plug

plugo

srp

зрро

motika

motika

vilica za gnojivo

aindžaki vilyuška

sjekira

tover

tačke

vordonoro phiravutno

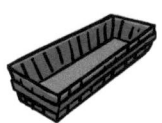

korito

balani

posuda za mlijeko

thudeski šiša

vreća

harari

ograda

trujalutni

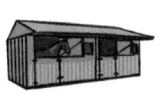

štala

jahri

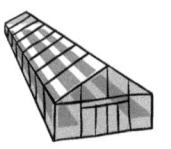

staklenik

haryalo kher

zemlja

phuv

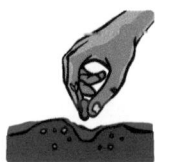

sjeme

seme

gnojivo

gyubre

kombajn

aindžako kidipe

žanjati

kidibe aindž

žetva

harmani

yams začin

phuvaki phabaj

pšenica

giv

soja

soja

krumpir

kompiri

kukuruz

mumuruzi

uljana repica

šarlagani

voćka

emišengo kašt

gomolj manioke

Kasava

žitarice

giveskere javinlukoja

kuća
kher

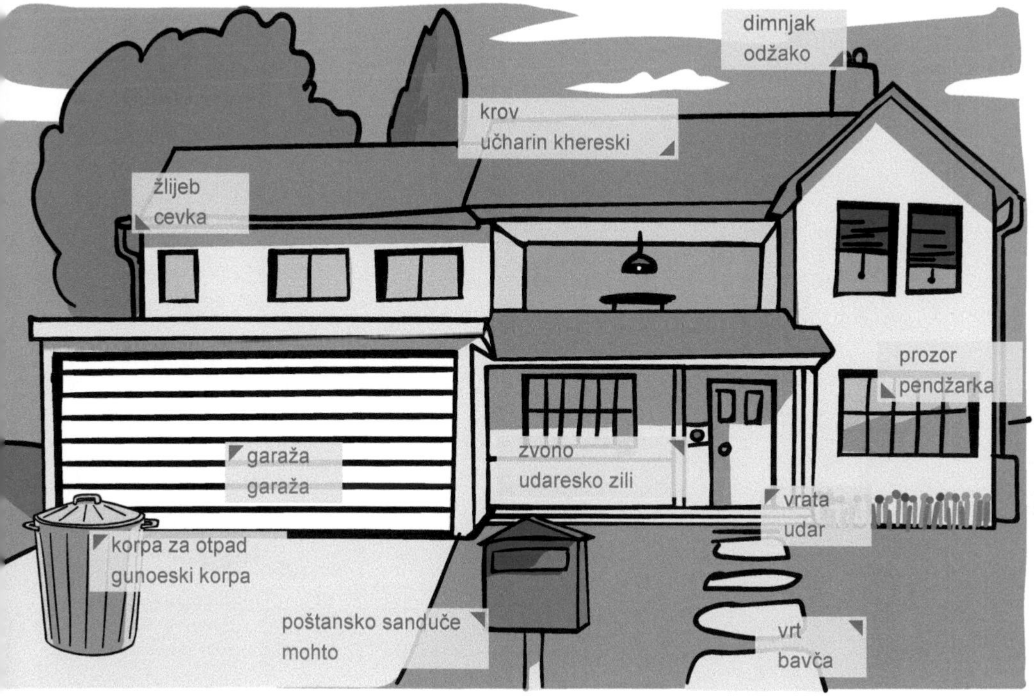
dimnjak
odžako
krov
učharin khereski
žlijeb
cevka
prozor
pendžarka
garaža
garaža
zvono
udaresko zili
vrata
udar
korpa za otpad
gunoeski korpa
poštansko sandučе
mohto
vrt
bavča

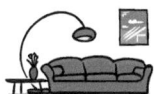

dnevna soba

bešimaski kamara

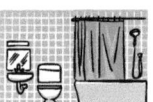

kupaonica

banya

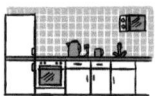

kuhinja

kujna

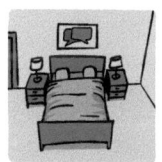

spavaća soba

sovimasko than

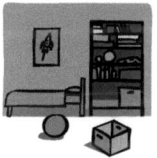

dječija soba

čhavengi kamara

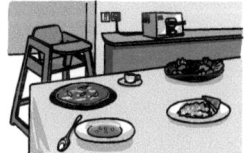

trpezarija

than hajbaske rakjako habe

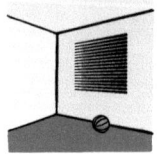

pod
....
kati

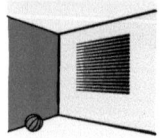

zid
....
duvari

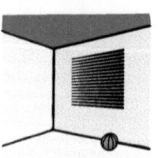

strop
....
tavano

podrum
....
špajzi

sauna
....
sauna

balkon
....
terasa

terasa
....
terasa

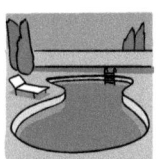

bazen
....
bazeni

kosilica za travu
....
čar harnyarimaski makina

posteljina za krevet
....
patrin

deka za krevet
....
čaršafia

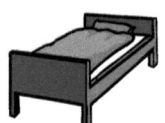

krevet
....
kreveto

metla
....
šulavni

kanta
....
korpa

sklopka
....
elektrikani phabarin

dnevna soba
bešimaski kamara

tapeta
tapeta
slika
tasviri
svjetiljka
lamba
regal
rafti
ormar
ormari
televizija
televiziya
kamin
jagako than
cvijet
luludi
jastuk
šerand
kauč
sofa
vaza
vazna
daljinski upravljač
durutni komanda

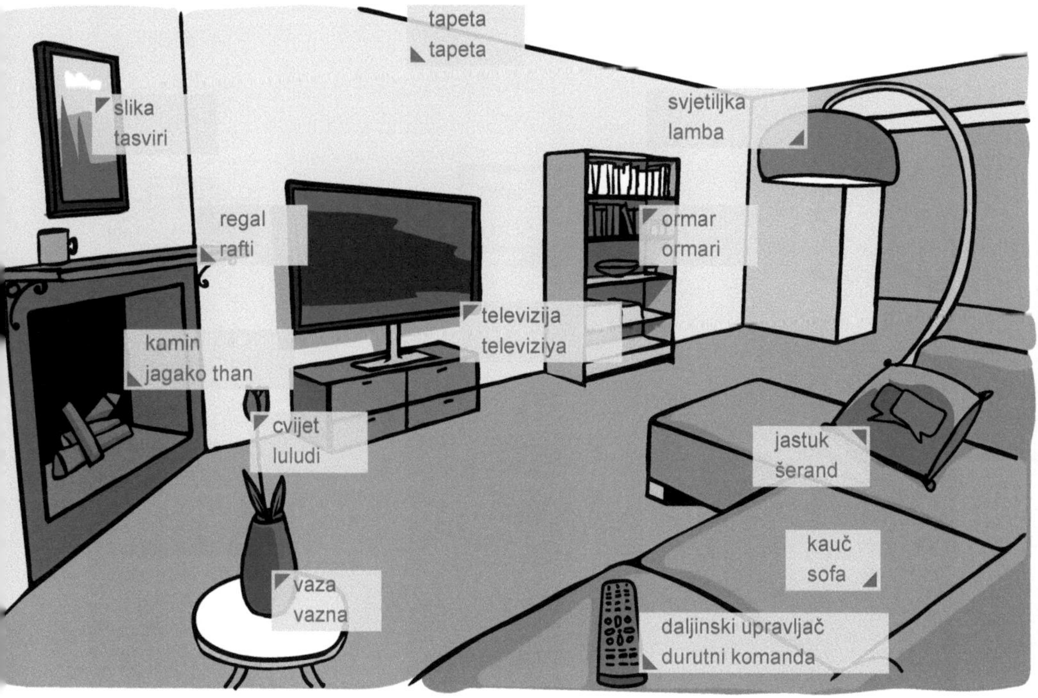

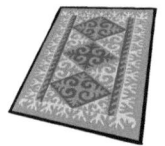

tepih

kilimi

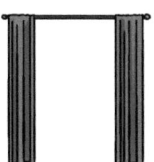

zavjesa

perde

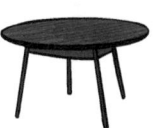

stol

masa

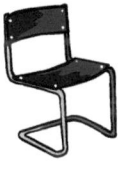

stolica

sandaliya

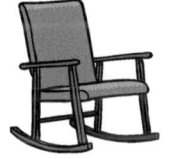

stolica za njihanje

kunajka sandaliya

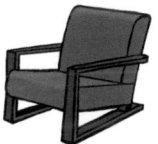

fotelja

fotelya

knjiga

lil

deka

kebe

dekoracija

dekoraciya

drvo za ogrjev

kašta phabarimaske

film

filmi

stereo uređaj

stereo ašunimaske butya

ključ

nahtari

novine

gazeta

slika na platnu

frčaja bojakeribe

poster

posteri

radio

radio

blok za pisanje

hramovimasko bloko

usisavač

elektrikani šulavni

kaktus

kaktusi

svijeća

momoli

dnevna soba - bešimaski kamara

kuhinja
kujna

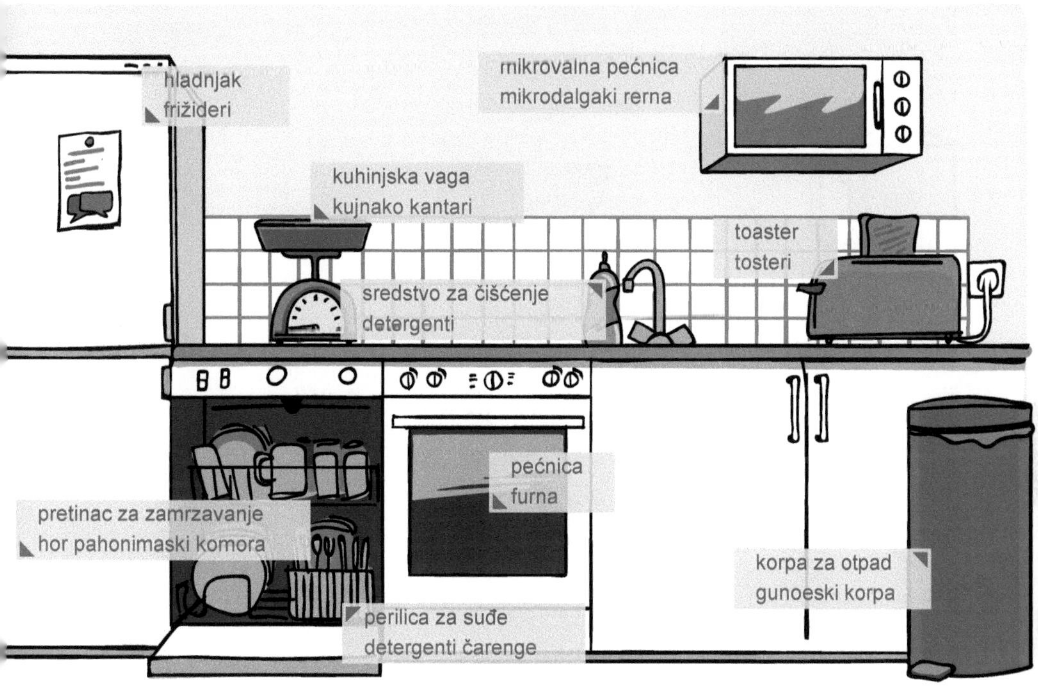

hladnjak
frižideri
mikrovalna pećnica
mikrodalgaki rerna
kuhinjska vaga
kujnako kantari
toaster
tosteri
sredstvo za čišćenje
detergenti
pećnica
furna
pretinac za zamrzavanje
hor pahonimaski komora
korpa za otpad
gunoeski korpa
perilica za suđe
detergenti čarenge

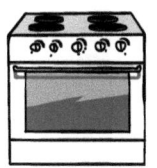

štednjak
keravimasko than

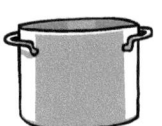

lonac
čaro

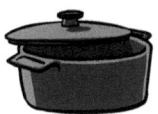

željezni lonac
sastrnali lendžera

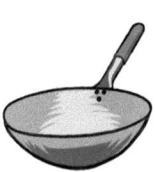

wok / kadai
vok cihani

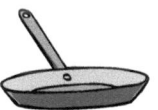

tava
tava

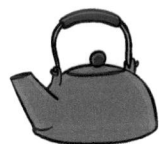

kuhalo za vodu
elektrikano bokali

kuhalo na paru

tendžera ki para

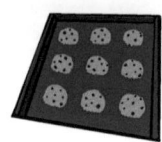

lim za pečenje

tepsija

posuđe

čare

čaša

bareder fildžano

zdjela

čaro

štapići za jelo

kinakere habaskere kaštore

kutljača

fioka

lopatica

špatula

pjenjača

vastesko mikseri

sito za kuhanje

cedimasko čaro

sito

porizen

ribež

rende

mužar

avano

roštilj

skara

ognjište

puteribe jag

daska

ŏhinimaski tabla

oklagija

oklagia

vadičep

puterimasko alati

konzerva

konzerva

otvarač konzervi

konzervako puterutno

krpa za lonac

čaresko ikerutno

sudoper

lavabo

četka

frča

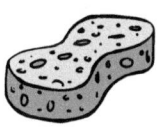

spužva

sungeri

mikser

mikseri

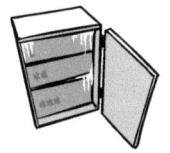

zamrzivač

hor pahonimasko friždderi

bočica za bebe

bebeski šiša

slavina za vodu

češma

kupaonica
banya

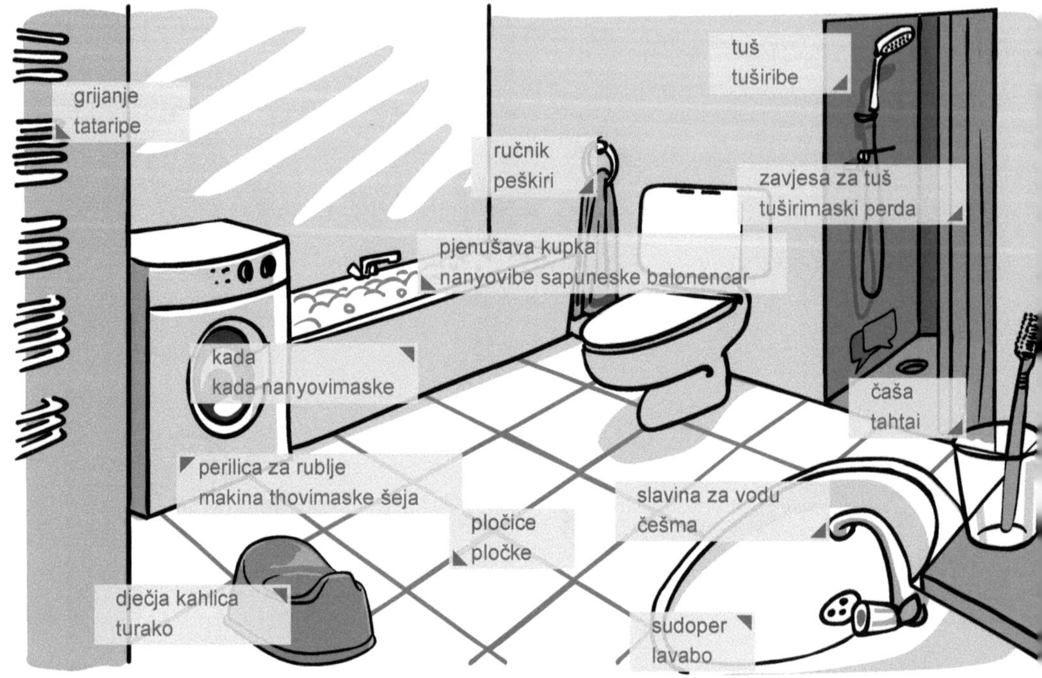

grijanje
tataripe
ručnik
peškiri
tuš
tuširibe
zavjesa za tuš
tuširimaski perda
pjenušava kupka
nanyovibe sapuneske balonencar
kada
kada nanyovimaske
čaša
tahtai
perilica za rublje
makina thovimaske šeja
slavina za vodu
češma
pločice
pločke
dječja kahlica
turako
sudoper
lavabo

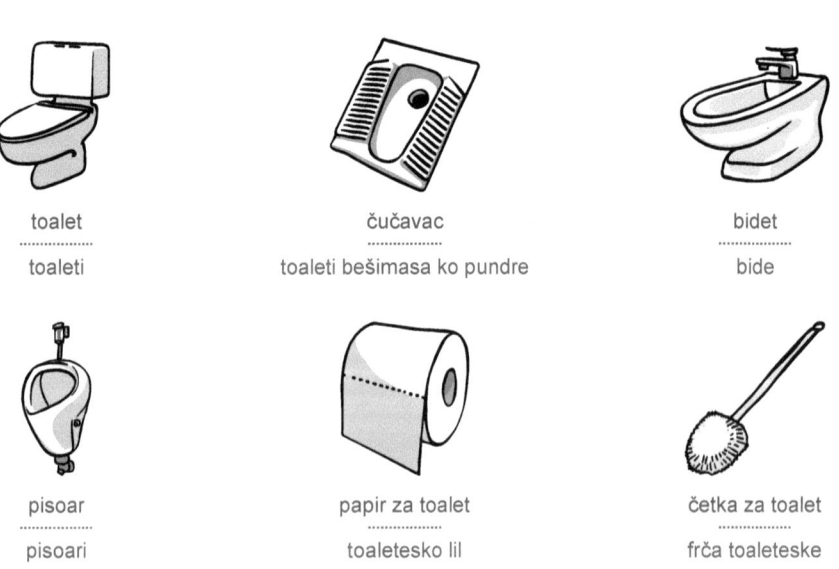

toalet

toaleti

čučavac

toaleti bešimasa ko pundre

bidet

bide

pisoar

pisoari

papir za toalet

toaletesko lil

četka za toalet

frča toaleteske

četkica za zube

danda thovimaski frča

pasta za zube

danda thovimaski krema

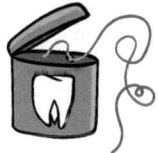

konac za zube

dandesko thav

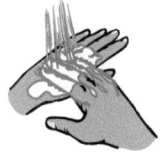

prati

thovibe danda

tuš ručica

vasteskoro tuši

tuš za pranje intimnih dijelova

tuši

lavor

lavabo

četka za pranje leđa

dumeski frča

sapun

sapuni

gel za tuširanje

tuširimasko geli

šampon

šamponi

krpa za pranje

flanela

odvod

kada ćidimaske pani

krema

krema

dezodorans

dezodoransi

ogledalo

ajna

kozmetičko ogledalo

vasteski ajna

brijač

žileti moravimaske

pjena za brijanje

moravimaski pena

losion za poslije brijanja

palal muravimaski krema

češalj

kanglik

četka

frča

sušilo za kosu

feni balenge

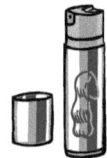

sprej za kosu

sprej balenge

makeup

šminka

ruž za usne

karmini

lak za nokte

oja najenge

vata

pamuko pošom

škare za nokte

kata najenge

parfem

parfemi

neseser
gono thovlmaske

stolica
sandaliya

vaga
tereziya

ogrtač
bademantili

rukavice za čišćenje
gumena kalcunya

tampon
tamponi

uložak
toaletno lil

kemijski toalet
hemikano toaleti

dječija soba
čhavengi kamara

budilnik
alarmesko sato
plišana igračka
mangli khelutni
auto igračka
vordonora khelimaske
zvečka
tropalka
kućica za lutke
bebedžikongo kher
poklon
bakšiši

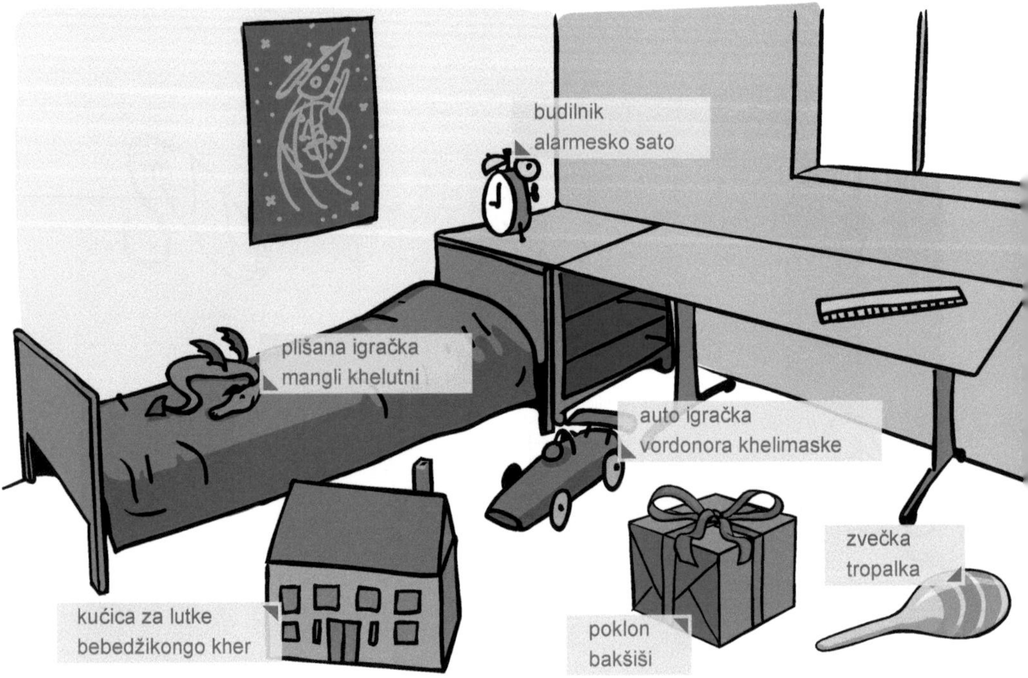

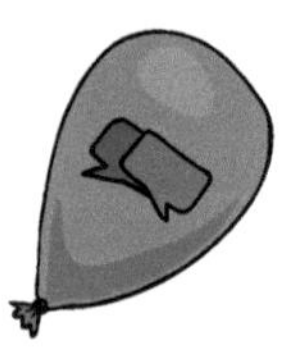

balon

baloni

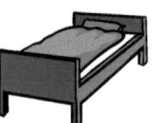

krevet

kreveto

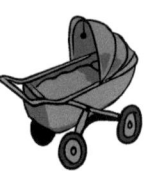

dječija kolica

bebengo vordon

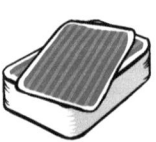

igra s kartama

špili karte

slagalica

ker-rumin khelin

SUPER MEGA

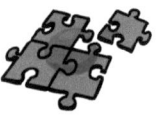

strip

komikano lil

lego kockice

lego kocke

kockice za slaganje

kocke khelimaske

akcioni junak

akciaki figura

kombinezon za bebe

bodi bebeske

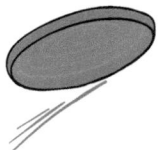

frizbi

frizbi

viseće igračke

mobile

društvene igre

masa khelimaske

kocka

zari

minijaturna željeznica

pampuri khelimaske

duda

cucla

tulum

bahlana

slikovnica

tasvirengo lil

lopta

topka

lutka

bebedžiko

igrati

khelibe

pješčanik

pošikako than

ljuljačka

kuna

igračka

khelimaske butya

konzola za igre

konzola video khelimaske

tricikl

triciklo

plišani medo

poftaneski ričini

ormar

garderoba

odjeća
šeja

kratke čarape

kalcunya

čarape

khuvde kalcunya

hulahopke

hulahopke

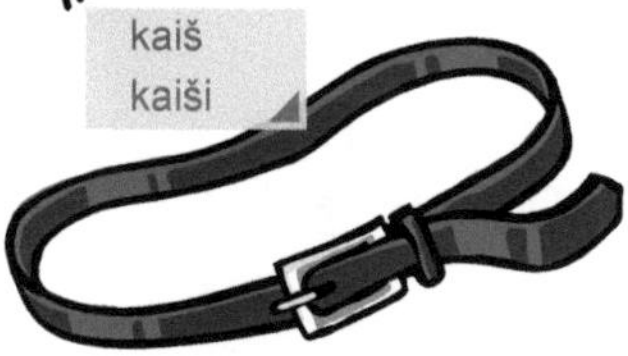

šal
momija

kišobran
čadorl

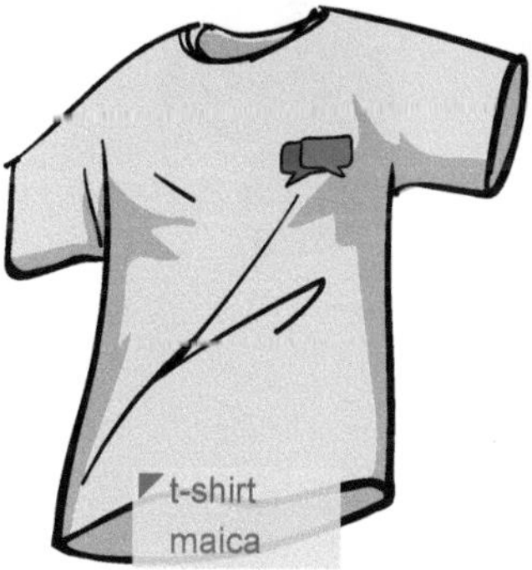

kaiš
kaiši

t-shirt
maica

patike
trenerke

čizme
čizme

papuče
papuče

sandale
....
sandale

cipele
....
menije

gumene čizme
....
gumena čizme

gaćice
....
sostenya

grudnjak
....
eleko

potkošulja
....
jeleko

bodi
bodi

hlače
pantalonya

džins
farmerke

haljina
suknya

bluza
bluza

košulja
gat

džemper
puloveri

pulover s kapuljačom
dukseri

blejzer
harno kaputi

jakna
džeketi

kaput
kaputi

kabanica
biršimdesko mantili

kostim
kostimi

haljina
fustano

vjenčanica
prandinako fustano

odijelo

kostumi

spavaćica

rakjako fustano

pidžama

pižame

sari

sari

rubac

momija šereske

turban

turbani

burka

burka

kaftan

kaftani

abaja

abaya

kupaći kostim

nangyovimaske šeja

kupaće gaćice

buxle pantolonya

kratke hlače

harne pantolonya

odjeća za trening

sporteske trenerke

pregača

kecelya

rukavice

vasteske kalcunya

gumb

kopča

naočale

gjuzlukya

narukvica

belegziya

ogrlica

mirikle

prsten

angrustik

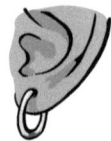

naušnica

čeni

kapa

stadik

vješalica

kaputeski čiviya

šešir

stadik

kravata

kravata

patent zatvarač

patenti

kaciga

kaciga

naramenice

dandenge proteze

školska uniforma

školaki uniforma

uniforma

uniforma

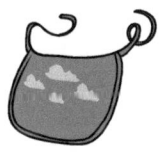

podbradak

ligarka

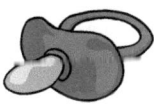

duda

cucla

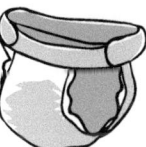

pelena

pherno

ured

ofiso

server
serveri
ormar za spise
raftija dokumentenca
papir
lil
pisač
printeri
monitor
monitori
miš
mausi
pisaći stol
masa butyake
mapa
folderi
tipkovnica
tastatura
košara za papir
korpa čhudimaske lila
računar
kompjuteri
stolica
sandaliya

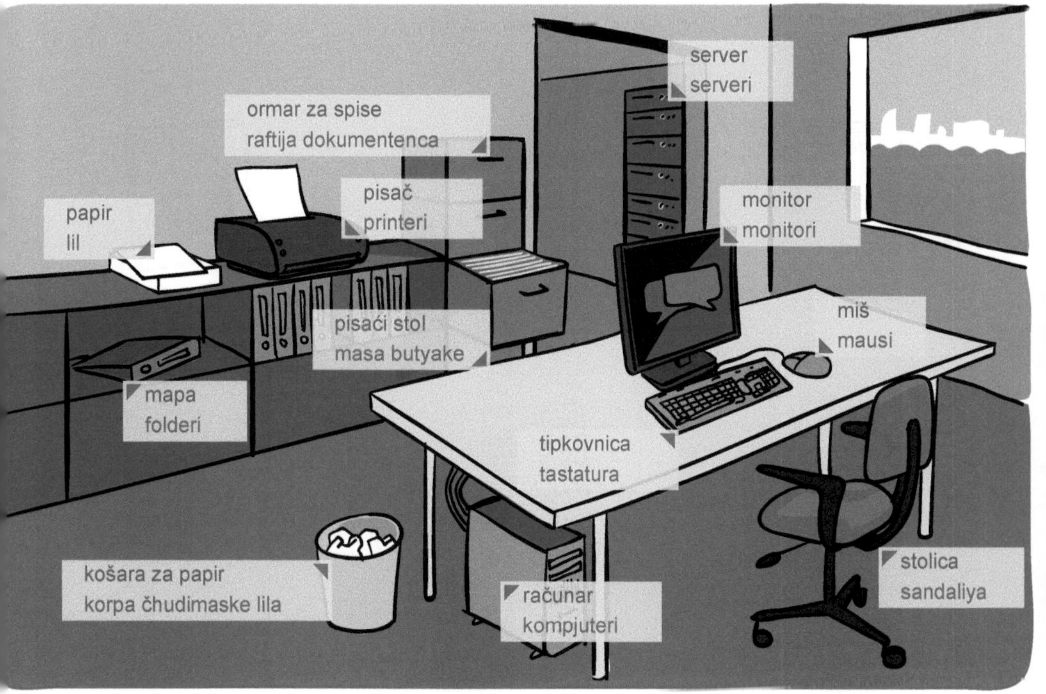

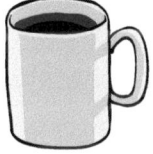

šalica za kavu

fildžano kafake

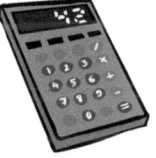

kalkulator

kalkulatori

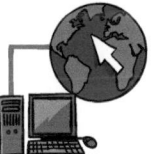

internet

internet

laptop
....
laptop

pismo
....
lil

poruka
....
mesaži

mobilni telefon
....
mobilno telefono

mreža
....
netvorko

uređaj za kopiranje
....
kopirimaski makina

softver
....
softveri

telefon
....
telefono

utičnica
....
štekeri

faks
....
faks makina

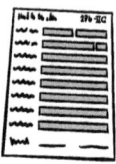

obrazac
....
formulari

dokument
....
dokumento

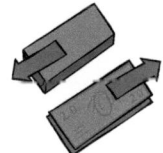

kupovati

kinibe

platiti

pokinibe

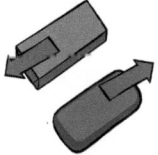

trgovati

kino-bikinibe

novac

love

dolar

dolari

euro

euro

jen

jeni

rubalj

rublya

švicarski franak

švajcariako franko

renmindbi yuan

renminbi juan

rupija

rupija

automat za novac

lovengo automati

mjenjačnica

biro baši devize

zlato

somnakaj

srebro

rup

nafta

petroli

energija

energia

cijena

fiyati

ugovor

kontrakto

porez

taksa

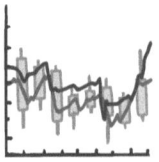

dionica

berzaki akcija

raditi

butikeribe

službenik

butyarno

poslodavac

butyako dendutno

tvornica

fabrika

prodavaonica

dukyano

policajac
Policiako oficero

vatrogasac
jagako aćhavutno

kuhar
habekerutno

liječnik
doktoro

pilot
piloti

vrtlar
bavčako butyarno

stolar
tišleri

krojačica
šnajderka

sudija
krisuno

kemičar
hemičari

glumac
akteri

vozač autobusa

autobusesko šoferi

vozač taksija

taksisti

ribar

mačhengo astarutno

čistačica

užarutni

krovopokrivač

učharinengo kerutno

konobar

kelneri

lovac

avdžija

slikar

tasvirkerutno

pekar

furnadžia

električar

elektrikako phirno

građevinski radnik

tamirutno

inženjer

inžinjeri

mesar

kasapi

limar

panjesko butyarno

poštar

poštari

vojnik

askeri

arhitekta

arhitekto

blagajnik

kasieri

cvjećar

luludyari

frizer

frizeri

kondukter

kondukteri

mehaničar

mekanisti

kapetan

kapetani

zubar

dandengo saslyarno

znanstvenik

vigjanalo manuš

rabi

rabini

imam

imami

monah

rašaj

svećenik

rašaj

alati

alatia

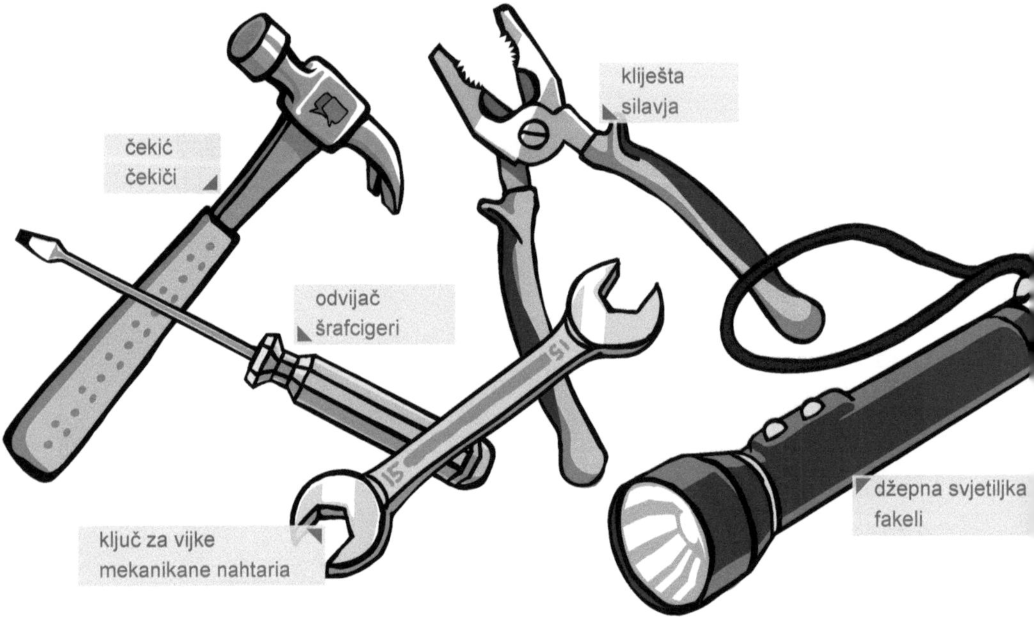

kliješta
silavja
čekić
čekiči
odvijač
šrafcigeri
džepna svjetiljka
fakeli
ključ za vijke
mekanikane nahtaria

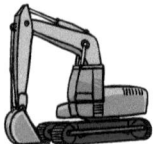

rovokopač

hrandimasko alati

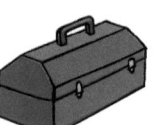

kutija za alat

alateski kutia

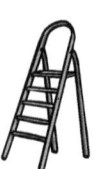

ljestve

merdeveni

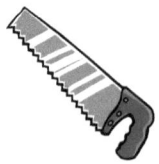

pila

pila

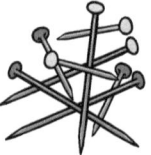

ekser

karfa

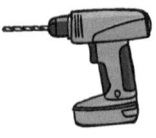

bušilica

posavin

popraviti

lačharkeribe

lopata

lopata

Sranje!

Naleti!

lopatica

vatrali

lonac za boju

lonco bojimaske

vijci

šrafja

glazbeni instrument
muzikane instrumentia

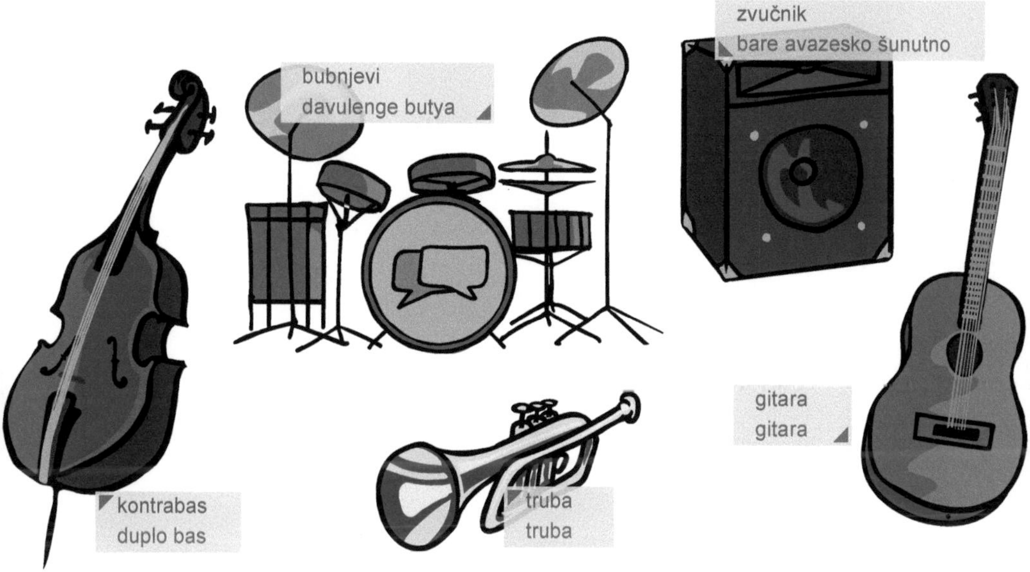

zvučnik
bare avazesko šunutno

bubnjevi
davulenge butya

kontrabas
duplo bas

truba
truba

gitara
gitara

klavir

piano

violina

kemana

bas

bas

timpani

timpani

udaraljke za bubnjeve

davulia

keyboard

sintisajzeri

saksofon

saksafoni

flauta

flejta

mikrofon

mikrofoni

zoološki vrt

zoo

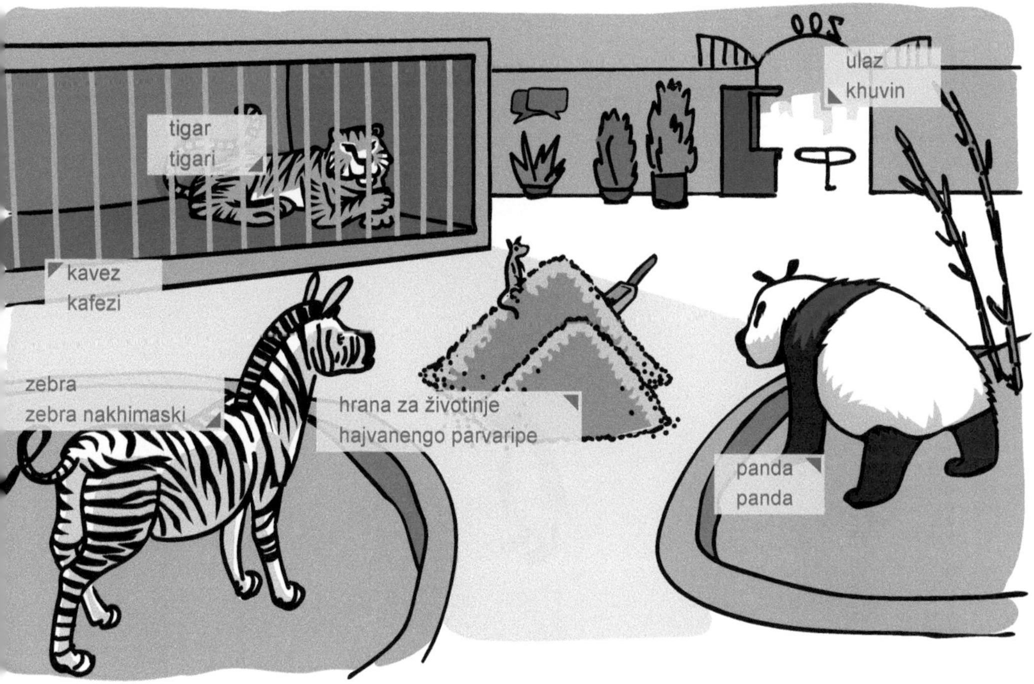
ulaz
khuvin
tigar
tigari
kavez
kafezi
zebra
zebra nakhimaski
hrana za životinje
hajvanengo parvaripe
panda
panda

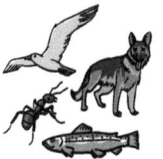

životinje

hajvania

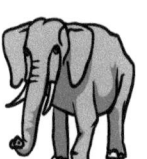

slon

elefanti

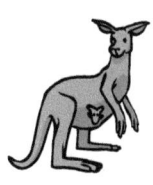

kengur

kenguri

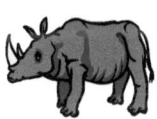

nosorog

rino

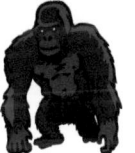

gorila

gorila

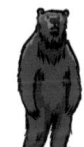

medvjed

ričini

kamila

kamila

noj

ostriga

lav

aslani

majmun

majmuni

flamingo

flamingo

papagaj

papagali

polarni medvjed

polarno ričini

pingvin

pingvini

ajkula

ajkula

paun

pauno

zmija

sap

krokodil

krokodilo

čuvar u zoološkom vrtu

zoo arakhutno

tuljan

foka

jaguar

jaguari

poni

poni

leopard

leopardi

nilski konj

hipo

žirafa

žirafa

orao

zorale kandžengi paškin

divlja svinja

bali

riba

mačho

kornjača

želka

morž

morži

lisica

lumri

gazela

gazela

američki nogomet
Amerikako fudbali

biciklizam
biciklizmo

tenis
tenis

košarka
basketboli

plivanje
nangjovibe

boks
boksi

hockey na ledu
hokej ko paho

nogomet
fudbali

badminton
badmington

atletika
atletika

rukomet
vasteskoboli

skijanje
skiibe

polo
polo

aktivnosti
aktivitetia

smijati se
asaibe
skočiti
hutibe
zagrliti
deibe angali
ići
phiribe
pjevati
giljavibe
sanjati
dikhibe suno
moliti se
azirikeribe
poljubiti
čumibe

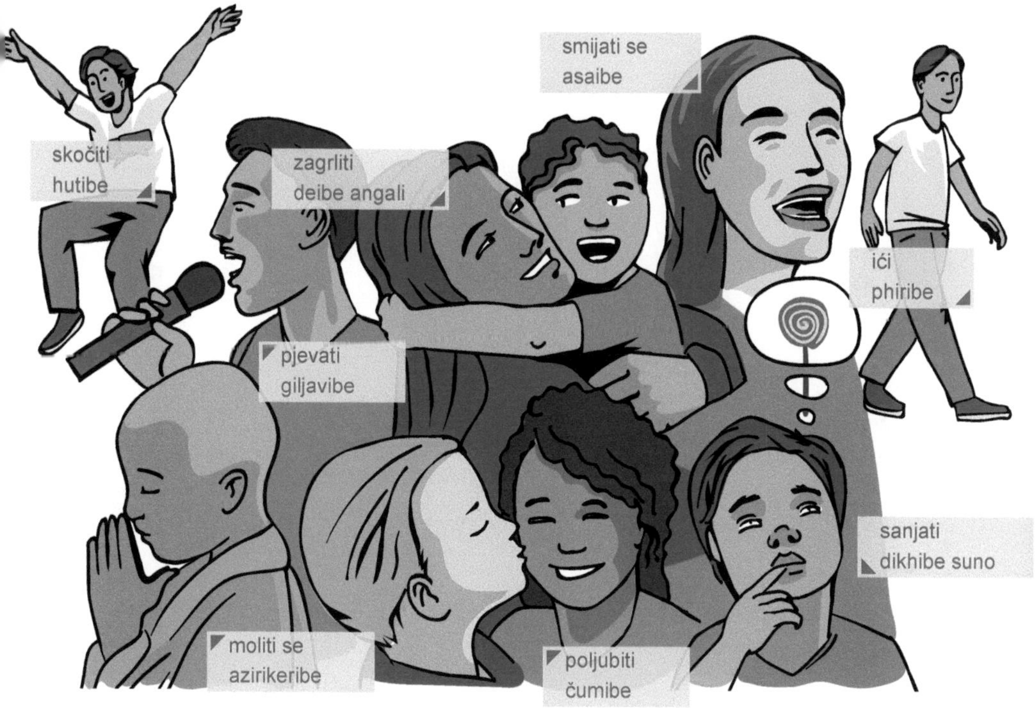

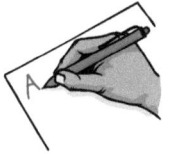

pisati
hramovibe

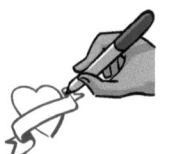

crtati
čitribe

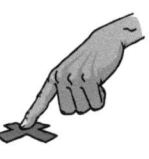

pokazati
sikavibe

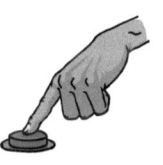

gurati
cidljaribe

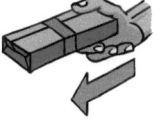

dati
deibe

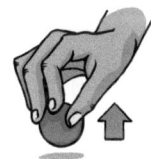

uzeti
leibe

imati

isibe

činiti

keribe

biti

te ovel

stojati

tergyovibe

trčati

prastaibe

povlačiti

cidibe

baciti

čhudibe

padati

peribe

ležati

hovavibe

čekati

adžikeribe

nositi

phiravibe

sjediti

bešibe

oblačiti

urjavibe

spavati

sovibe

probuditi se

džangavibe

gledati

dlkhlbe ko

plakati

rovibe

milovati

čalavibe

češljati

uhlavibr

govoriti

vakeribe

razumjeti

haljovibe

pitati

puč

slušati

šunibe

piti

piibe

jesti

habe

pospremiti

užaribe

voljeti

kamibe

kuhati

keribe habe

voziti

paldibe vordon

letjeti

urjalibe

ploviti

vaporea džaibe

računati

kalkulirin

čitati

drabaribe

učiti

sikljovibe

raditi

butikeribe

vjenčati se

prandibe

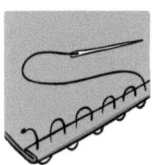

šiti

suvibe

prati zube

thovibe danda

ubiti

mudaribe

pušiti

piibe dahani

poslati

bičhalibe

obitelj
familiya

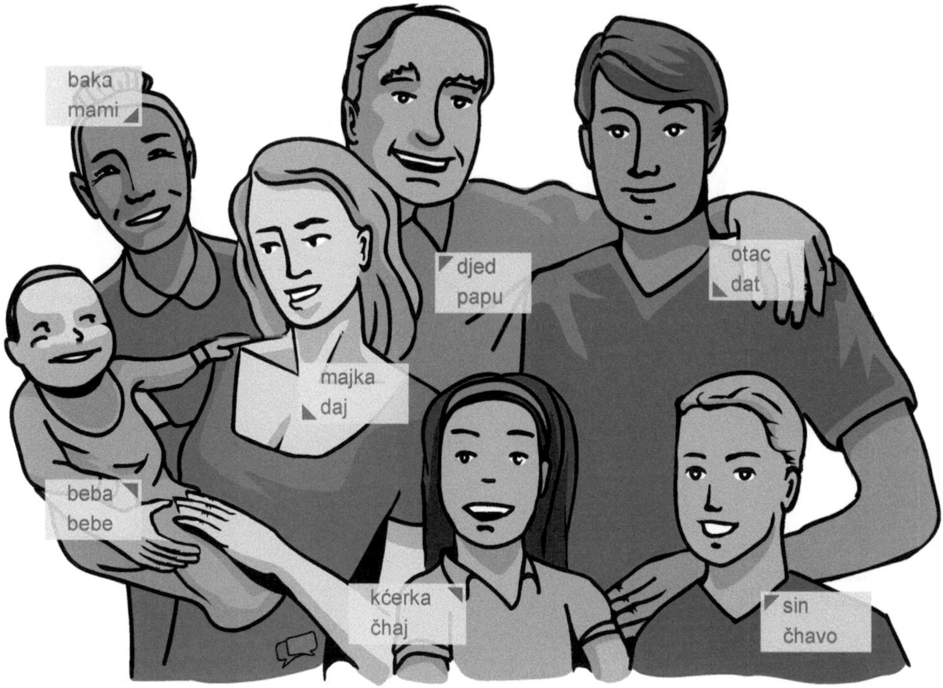
baka
mami
djed
papu
otac
dat
majka
daj
beba
bebe
kćerka
čhaj
sin
čhavo

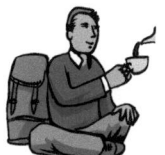

gost
misafiri

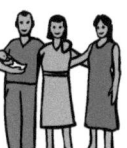

tetka
bibi

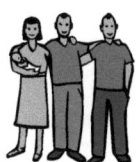

ujak, stric
kako

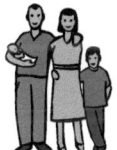

brat
phral

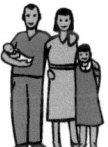

sestra
phen

tijelo
trupo

čelo
čekat
oko
jakh
rame
piko
prst
naj
lice
muj
brada
vilica
ruka
vast
grudi
čuči
noga
pundro
ruka
musik

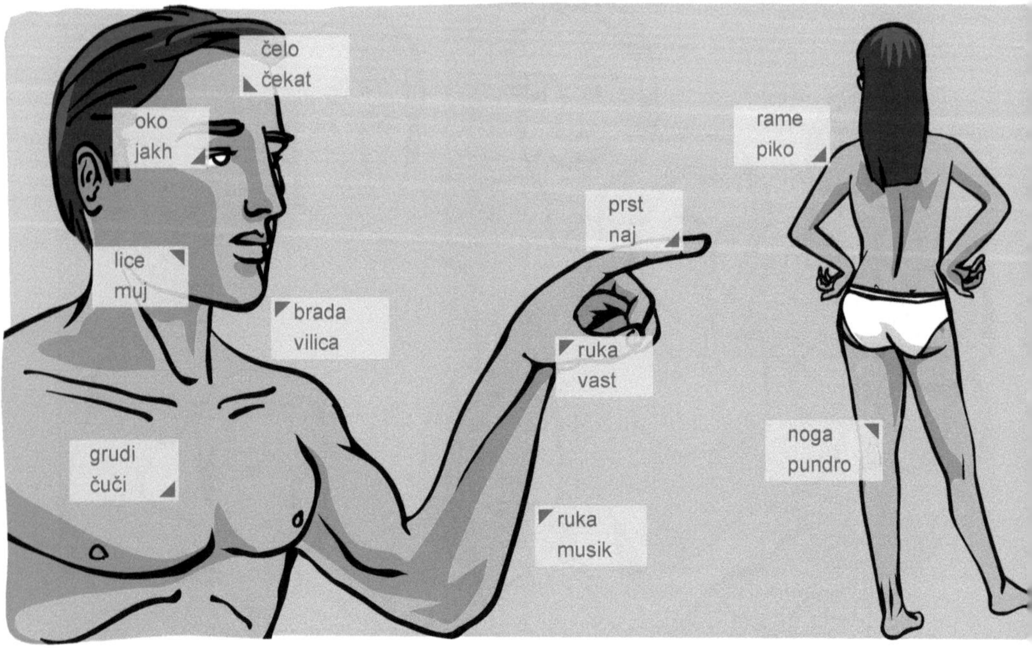

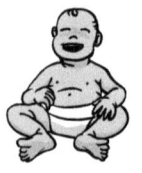

beba
bebe

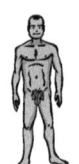

muškarac
murš

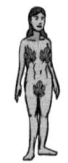

žena
džuvli

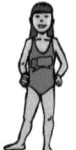

djevojčica
čhaj

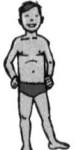

dječak
ćhavo

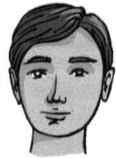

glava
šero

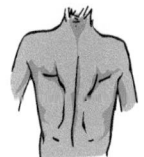

leđa
....
dumo

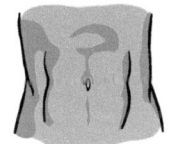

trbuh
....
maškar

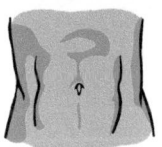

pupak
....
pupko

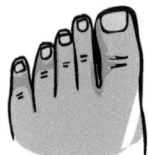

nožni prst
....
pundrenge naja

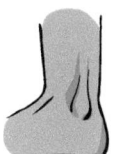

peta
....
patum

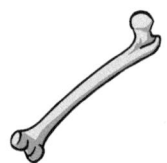

kost
....
kokalo

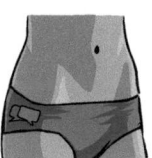

kuk
....
kuko

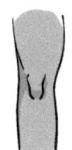

koljeno
....
koč

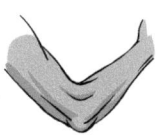

lakat
....
lahci

nos
....
nakh

stražnjica
....
bul

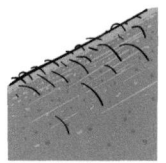

koža
....
mortik

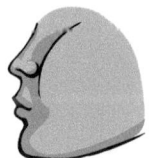

obraz
....
čham

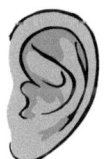

uho
....
kan

usna
....
voš

tijelo - trupo

69

usta

muj

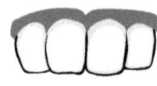

zub

danda

jezik

ćhib

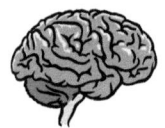

mozak

godi

srce

vilo

mišić

muskulo

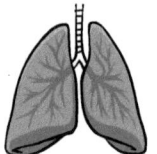

pluća

kolin

jetra

buko

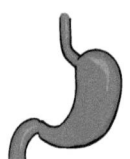

želudac

vogi

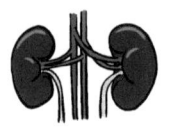

bubrezi

bubrekora

snošaj

seks

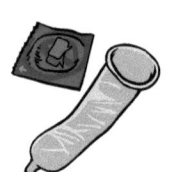

kondom

kondomi

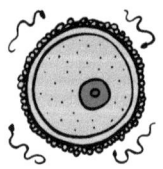

jajna stanica

yarengi kletka

sperma

sperma

trudnoća

khamnipe

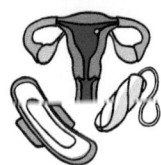

menstruacija

menstruaciya

vagina

vagina

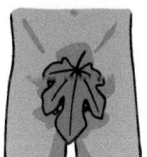

penis

penis

obrva

phov

kosa

bala

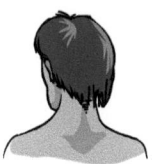

vrat

men

bolnica
hospitalo

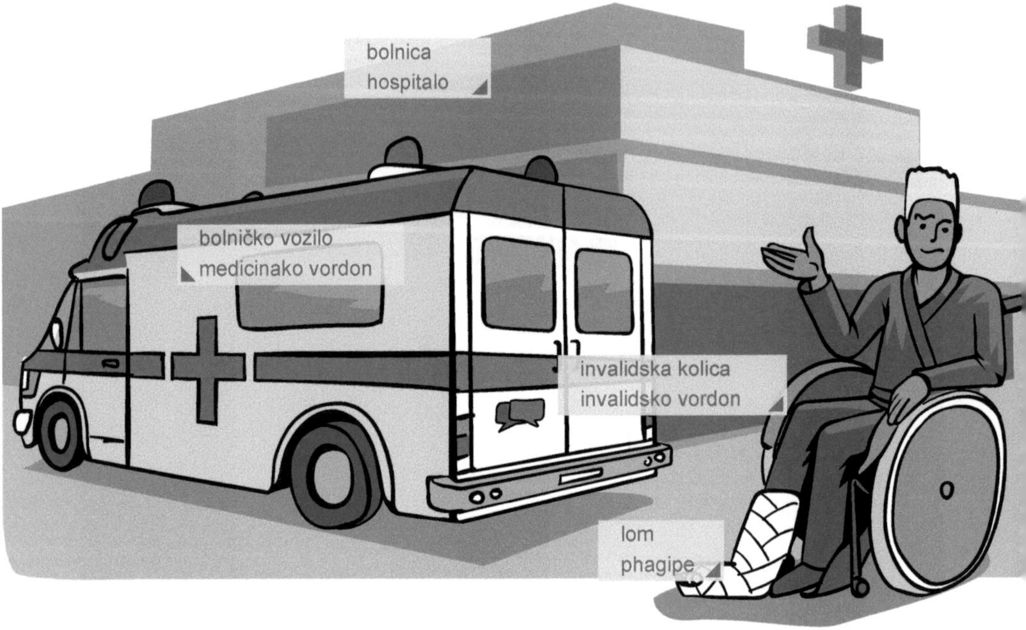

bolnica
hospitalo
bolničko vozilo
medicinako vordon
invalidska kolica
invalidsko vordon
lom
phagipe

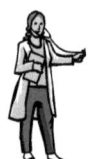

liječnik

doktoro

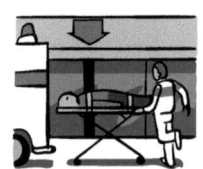

hitna medicinska služba

sigyarimaski kamara

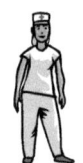

medicinska sestra

medicinaki phen

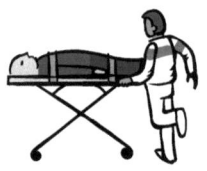

hitni slučaj

sigyaripen

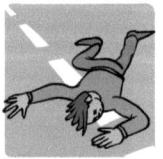

nesvijest

ki koma

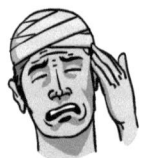

bol

dukh

ozljeda

dukhavipen

krvarenje

ratvarıpe

srćani infarkt

infrakto

moždani udar

šlog

alergija

alergiya

kačalj

khuinibe

groznica

tinanipe

gripa

gripa

proljev

diyarea

glavobolja

šereski dukh

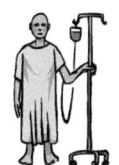

rak

kanceri

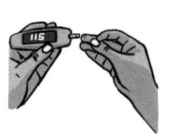

dijabetes

diyabetes

kirurg

operaciya

skalpel

skalperi

operacija

operaciya

ct
CT

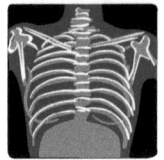

rentgen
rentgen

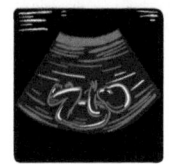

ultrazvuk
ultra avazo

maska
mujeski maska

bolest
nasvalipe

čekaonica
adžukyarimasko than

štaka
paterica

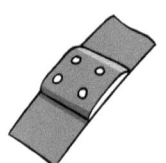

flaster
flastero

zavoj
phandimaski gaza

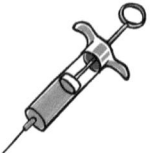

injekcija
inyekciya

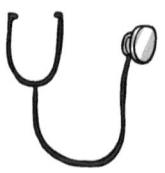

stetoskop
stetoskopo

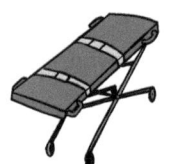

nosilo
tregero

termometar
klinicko termometro

rođenje
biyanipe

prekomjerna težina
baro thulipe

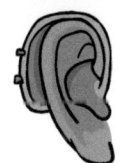

slušni aparat

ašunimasko aparalo

sredstvo za dezinfekciju

dezinfekciako

infekcija

infekciya

virus

viruso

hiv / sida

HIV / SIDA

medicina

medicina

vakcinacija

vakcinaciya

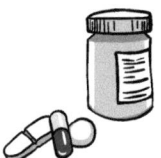

tablete

tabletura

pilula

hapi

poziv u pomoć

sigyarimasko akharipe

uređaj za mjerenje tlaka

monitori vaš učo pretisak

bolesno / zdravo

nasvalo / sasto

pomoć!

Mažutisar!

alarm

alarmo

nasrtaj

atako

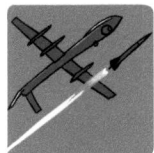

napad

atako

opasnost

dar buti

izlaz za nuždu

sigyarimasko iklyovipen

požar!

Bari jag!

vatrogasni aparat

mamuj jagako aparati

nezgoda

bibax

kofer prve pomoći

butya avgo ažutimaske

sos

SOS

policija

Policia

Europa

Evropa

sjeverna amerika

Utarali Amerika

južna amerika

Purabali Amerika

Afrika

Afrika

Azija

Azija

Australija

Australia

Atlantik

Atlantiko

Pacifik

Pacifiko

ocean

Indiako Okeano

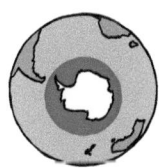

antarktički ocean

Antarktikosko Okeano

arktički ocean

Arktikosko Okeano

sjeverni pol

Utaralo poli

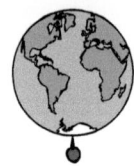

južni pol

Purabalo poli

Antarktik

Antarktiko

zemlja

phuv

zemlja

phuv

more

samudra

otok

džaziri

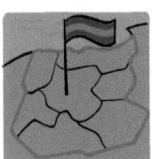

nacija

nacija

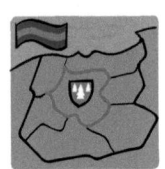

država

raštra

brojčanik sata

saatosko gendo

satna kazaljka

saatoski sikavni

minutna kazaljka

dakikongi sikavni

sekundna kazaljka

sekundarno saatoski sikavin

Koliko je sati?

Kozom si o saato?

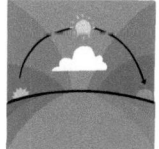

dan

dive

vrijeme

vrama

sada

akana

digitalni sat

digitalno saato

minuta

dakika

sat

časo

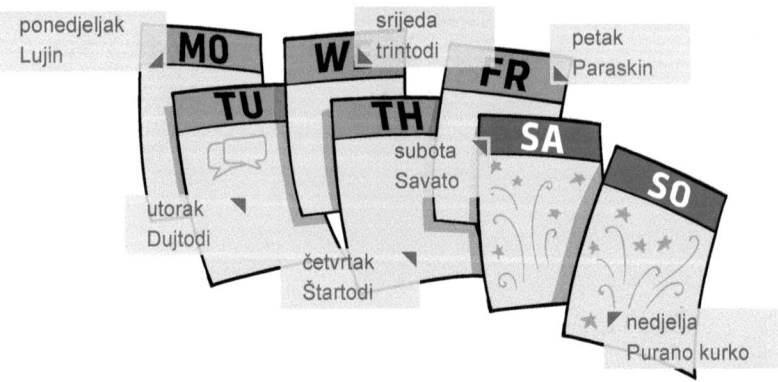

ponedjeljak
Lujin

srijeda
trintodi

petak
Paraskin

utorak
Dujtodi

subota
Savato

četvrtak
Štartodi

nedjelja
Purano kurko

jučer

erati

danas

avdive

sutra

tajsa

jutro

javin

podne

ekvaš dive

večer

blevel

MO	TU	WE	TH	FR	SA	SU
1	2	3	4	5	6	7
8	9	10	11	12	13	14
15	16	17	18	19	20	21
22	23	24	25	26	27	28
29	30	31	1	2	3	4

radni dani

butyarne divesa

MO	TU	WE	TH	FR	SA	SU
1	2	3	4	5	6	7
8	9	10	11	12	13	14
15	16	17	18	19	20	21
22	23	24	25	26	27	28
29	30	31	1	2	3	4

vikend

vikend

godina
berš

duga
renkali badalin
kiša
biršim
snijeg
iv
vjetar
bavlal
proljeće
anglonilaj
jesen
palonilaj
ljeto
nilaj
zima
ivend

4.APRIL 11°
5.APRIL 4°
6.APRIL 13°
7.APRIL 8°
8.APRIL 10°

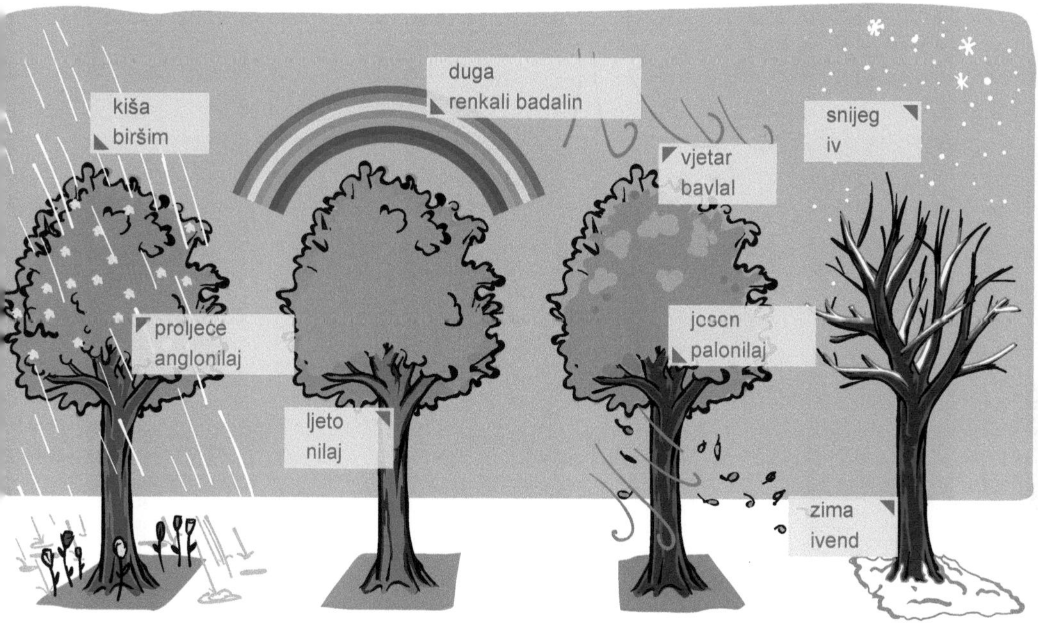

meteorološka prognoza
vramakoro vakeribe

F C
120 40
90 30
60 20
30 10
0 0
-30 -10
-20

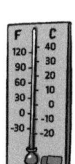

termometar
termometro

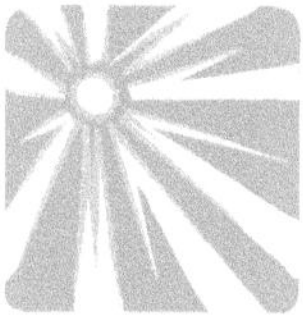

sunčana svjetlost
khamalo

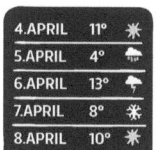

oblak
badal

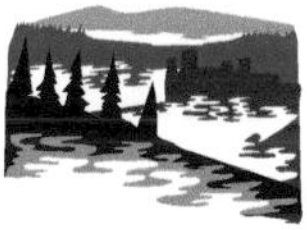

magla
muhi

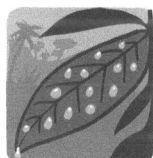

vlažnost zraka
nemlime hava

munja

šemšekoja

grmljavina

šemšekosko čalavibe

oluja

bura

tuča

kijameti

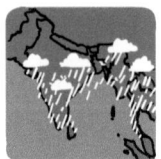

monsun

monsuni

poplava

baro pani

led

paho

siječanj

Januaro

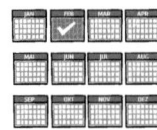

veljača

Februaro

ožujak

Marto

travanj

Aprilo

svibanj

Majo

lipanj

Juno

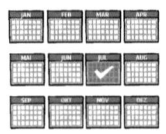

srpanj

Julo

kolovoz

Augusto

godina - berš

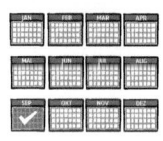

rujan
....
Septembro

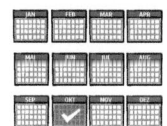

listopad
....
Oktombro

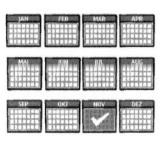

studeni
....
Novembro

prosinac
....
Dekembro

oblici
forme

krug
....
rota

kvadrat
....
kvadrati

pravokutnik
....
rektanglo

trokut
....
trianglo

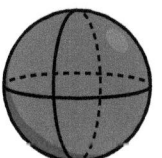

kugla
....
sfera

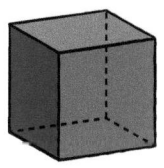

kocka
....
kocka

bijela
....
parni

žuta
....
galbeno

narančasta
....
pomarandža

ružičasta
....
roze

crvena
....
loli

ljubičasta
....
lila

plava
....
vunato

zelena
....
harjali

smeđa
....
kafeno

siva
....
kuršumlija

crna
....
kali

mnogo / malo

but / hari

ljutito / mirno

holjame / mudro

lijepo / ružno

šuži / bišuži

početak / kraj

starto / agor

veliko / maleno

baro / tikno

svijetlo / tamno

puterde bojako / phanle
bojako

brat / sestra

phral / phen

čisto / prljavo

užo / melalo

potpuno / nepotpuno

sahno / bisahno

dan / noć

dive / rat

mrtvo / živo

mulo / dživdo

široko / usko

buvlo / tank

jestivo / nejestivo

hala pe / na hala pe

zlo / dobro

džungalo / šukar

uzbuđeno / dosadno

bare vogjea / bi vogjea

debelo / mršavo

thulo / kišlo

na početku / na kraju

avgo / paluno

prijatelj / neprijatelj

amal / dušmani

puno / prazno

pherdo / čučo

tvrdo / mekano

zoralo / kovlo

teško / lagano

pharo / lokho

glad / žeđ

bokh / truš

bolesno / zdravo

nasvalo / sasto

ilegalno / legalno

ilegalno / legalno

pametno / glupo

godyaver / bigodyako

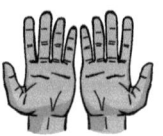

lijevo / desno

bajan / dahin

blizu / daleko

paše / dur

novo / rabljeno

nevo / purano

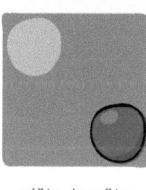

ništa / nešto

khanči / vareso

staro / mlado

phuro / terno

uključeno / isključeno

phabardo / ačhavdo

otvoreno / zatvoreno

puterdo / phanlo

tiho / glasno

mudro / bare avazeskoro

bogato / siromašno

barvalo / čorolo

točno / pogrešno

čačutno / došalo

hrapavo / glatko

zoralo / kovlo

tužno / sretno

mazuni / lošalo

kratko / dugo

skurto / lungo

polako / brzo

pohari / sigate

mokro / suho

sapano / šuko

toplo / hladno

tato / šudro

rat / mir

mareba / sansari

0	**1**	**2**
nula	jedan	dva
zero	jek	duj

3	**4**	**5**
tri	četiri	pet
trin	štar	panč

6	**7**	**8**
šest	sedam	osam
šov	efta	ohto

9	**10**	**11**
devet	deset	jedanaest
enja	deš	dešujek

12

dvanaest

dešuduj

13

trinaest

dešutrin

14

četrnaest

dešuštar

15

petnaest

dešupanč

16

šesnaest

dešušov

17

sedamnaest

dešefta

18

osamnaest

dešohto

19

devetnaest

dešenja

20

dvadeset

biš

100

stotinu

šel

1.000

tisuću

milja

1.000.000

milijun

milioni

engleski

Anglicko

američko engleski

Americko Anglicko

kinesko mandarinski

Kinesko Mandarinsko

hindi

Indisko

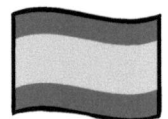

španjolski

Špansko

francuski

Francusko

arapski

Arapsko

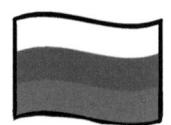

ruski

Rusko

portugalski

Portugalsko

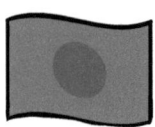

bengalski

Bengalsko

njemački

Nemicko

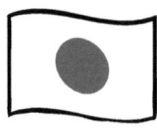

japanski

Japansko

ja
....
thaj

ti
....
tu

♂ ♀ ○

on / ona / ono
....
ov / oj

mi
....
amen

vi
....
tumen

oni
....
ola

tko?
....
ko?

što?
....
so?

kako?
....
sar?

gdje?
....
kote?

kada?
....
kana?

HELLO, I AM

ime
....
anav

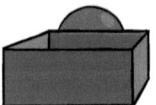

iza
....
palal

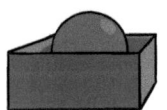

u
....
andre

ispred
....
anglal o

preko
....
upral

na
....
an

ispod
....
telal

pored
....
trujal

između
....
maškaral

mjesto
....
than